I0053714

Matthias Fiedler

Koncepti i Njehsimit Novator të Pronave të Paluajtshme: Ndërmjetësim i Thjeshtësuar i Pronave të Paluajtshme

Njehsimi i Pronave të Paluajtshme:
Ndërmjetësimi efikas, i thjeshtë e
profesional me një portal për njehsim
novator të pronave të paluajtshme

Detaje të Botimit - Impressum | Njoftim Ligjor

1.Publikimi si Libër i Botuar | Shkurt 2017
(Orgjinali i botuar në Gjermani, Dhjetor 2016)

© 2016 Matthias Fiedler

Matthias Fiedler
Erika-von-Brockdorff-Str. 19
41352 Korschenbroich
Gjermani
www.matthiasfiedler.net

Botimi dhe riprodhimi:
Lexoni të dhënat në faqen e fundit

Kopertina: Matthias Fiedler
Krijimi në E-Book: Matthias Fiedler

Të gjitha të drejtat e rezervuara.

ISBN-13 (Libërth): 978-3-947184-63-7
ISBN-13 (E-Book mobi): 978-3-947128-43-3
ISBN-13 (E-Book epub): 978-3-947128-44-0

Kjo vepër, me të gjitha pjesët e saj, mbrohet nga të drejtat e autorit. Ndalohet dhe ndëshkohet çdo përdorim ose riprodhim (qoftë edhe të një pjese të kësaj vepre) pa autorizimin me shkrim të autorit. Përfshirë në veçanti riprodhimin elektronik ose të tjerë, përkthimin, magazinimin, përpunimin, shpërndarjen dhe përcjelljen publike në të gjitha format (për shembull, fotografi, mikrofilm ose në mënyra të tjera).

Informacione bibliografike të Deutsche Nationalbibliothek: Biblioteka Kombëtare Gjermane "Deutsche Nationalbibliothek" përmban këtë botim në katalogun Deutsche Nationalbibliografie; të dhënat bibliografike janë të disponueshme në Internet në http://dnb.d-nb.de.

PËRMBLEDHJE

Ky libër shpjegon një koncept revolucionar në portalin (app) e njehsimit për pronat e paluajtshme anembanë botës, me një përllogaritje të sasisë së shitjeve të mundshme (Bilion Dollar), i cili integrohet në brendësi të një softueri të agjencisë imobiliare duke përfshirë edhe një vlerësim të pronës (Shitje të mundshme Trilion Dollar).

Kjo do të thotë që pronat e paluajtshme tregtare ose private, të banuara nga vetë pronari ose të dhëna me qira, mund të negociohen në mënyrë efikase dhe të shpejtë. Kjo është e ardhmja e ndërmjetësimit novator dhe profesional për pronat e paluajtshme për të gjithë agjentët imobiliarë dhe pronarëve të pronave. Njehsimi i pronave funksionon pothuajse në të gjitha vendet, bile edhe ndërmjet tyre.

Në vend që "të sillen" pronat tek blerësi ose qiramarrësi, me një portal njehsimi të pronave, blerësit e mundshëm ose qiramarrësit mund të identifikohen (kërkohet profili) e më pas të njehsohen dhe të lidhen me pronat e ofruara nga agjentë imobiliarë.

PËRMBAJTJE

PARATHËNIE

Në vitin 2011 më lindi dhe u shtjellua ideja, që përshkruhet këtu për një proces njehsimi novator të pronave të paluajtshme.

Që prej vitit 1998 jam marrë me biznesin e pronave të paluajtshme (përfshirë edhe ndërmjetësimin për pronat, blerjen dhe shitjen, vlerësimin, qiradhënien, dhe zhvillimin e pronave). Unë jam agjent imobilar (IHK), ekonomist për pronat e paluajtshme (ADI) dhe ekspert i certifikuar për vlerësime të pronave të paluajtshme (DEKRA) po ashtu jam edhe anëtar i shoqatës, së njohur nga institutet ndërkombëtare për pronat e paluajtshme, "Royal Institution of Chartered Surveyors" (MRICS) (Institucioni Britanik i Inspektorëve të Licencuar).

Matthias Fiedler
Korschenbroich, 31/10/2016
www.matthiasfiedler.net

1. Koncepti i Njehsimit Novator të Pasurive të paluajtshme: Ndërmjetësimi i Thjeshtësuar për Pronat e Paluajtshme

Njehsimi i Pronave të Paluajtshme: Ndërmjetësimi efikas, i thjeshtë e profesional me një portal për njehsim novator të pronave të paluajtshme.

Në vend që "të sillen" pronat tek blerësi ose qiramarrësi, me një portal njehsimi të pronave, blerësit e mundshëm ose qiramarrësit mund të identifikohen (kërkohet profili) e më pas të njehsohen dhe të lidhen me pronat e ofruara nga agjentë imobiliarë.

2. Objektivat e Blerësve, Qiramarrësve dhe të Shitësve të Mundshëm të Pronave

Nga perspektiva e shitësve dhe pronarëve të pronave të patundshme, është e rëndësishme shitja ose qiradhënia e pronës së tyre sa më shpejt dhe me çmim sa më të leverdishëm.

Nga perspektiva e blerësve dhe qiramarrësve të mundshëm, është e rëndësishme të gjendet prona e duhur për të përmbushur nevojat e tyre dhe mundësia për ta marrë me qira ose për ta blerë sa më shpejt dhe sa më lehtësisht.

3. Përqasje paraprake për Kërkim Prone

Përgjithësisht, blerësit dhe qiramarrësit e mundshëm të pronave të paluajtshme përdorin portale pronash online për të parë pronat në zonën e tyre të preferuar. Aty, mund të gjejnë pronat ose një listë të linkeve përkatës të këtyre pronave që u dërgohen me e-mail pasi të kenë kryer një kërkim të vogël të profilit. Kjo bëhet shpesh 2 në çdo 3 portale pronash. Pas kësaj, shitësi kontaktohet zakonisht me e-mail. Si përfundim, shitësit ose pronarit i jepet mundësia dhe autorizimi të vihet në kontakt me palën e interesuar.

Përveç kësaj, blerësit dhe qiramarrësit e mundshëm kontaktojnë sekserin dhe një profil kërkimi krijohet për ta.

Furnizuesit në portalet e pronave të paluajtshme vijnë si nga sektori privat ashtu edhe nga sektori imobiliar tregtar. Pjesa më e madhe e furnizuesve tregtarë janë agjentë imobilarë e në rastet e shoqërive të ndërtimit, janë brokera dhe shoqëri të tjera imobiliare (në këtë tekst, furnizuesit tregtarë u referohen agjentëve imobiliarë).

4. Anët negative të Furnizuesve Privatë / Anët pozitive të Agjentëve Imobiliarë

Për pronat e patundshme në shitje, shitësit privatë nuk mund të garantojnë një shitje të menjëhershme. Në rastin e një prone të trashëguar, për shembull, mund të mos ketë konsensus nga trashëgimtarët ose mund të mungojë certifikata e trashëgimisë. Përveç kësaj, çështje ligjore të paqarta si e drejta e banimit mund të ndërlikojnë shitjen.

Për prona me qira, mund të ndodhë që pronari privat të mos jetë i pajisur me autorizimet zyrtare, për shembull ato që kërkohen për të dhënë me qira një ndërtesë tregtare si një vendbanim.

Kur një agjent imobiliar vepron si një furnizues, përgjithësisht ai i ka të qarta aspektet e mësipërme. Për më tepër, të gjitha dokumentet përkatëse të pronave të paluajtshme (planimetria e katit, planimetria e vendit, certifikata e energjisë, regjistrimi, dokumente zyrtarë, etj.)

zakonisht janë që në fillim të disponueshme. Si rrjedhojë, shitja ose qiradhënia mund të kryhet shpejt dhe pa ndërlikime.

5. Njehsimi i Pronave të Paluajtshme

Në mënyrë që të njehsohen e të lidhen blerësit ose qiramarrësit e interesuar me shitësit ose pronarët sa më shpejt dhe në mënyrë sa më efikase, është e rëndësishme të ndërmerret një përqasje sistematike dhe profesionale.

Kjo bëhet këtu e mundur me një përqasje (ose proces) që fokusohet anasjelltas në procesin e kërkimit dhe të gjetjes mes agjentëve imobiliarë dhe palëve të interesuara. Kjo do të thotë që në vend që "të sillen" pronat tek blerësi ose qiramarrësi, me një portal njehsimi të pronave, blerësit e mundshëm ose qiramarrësit mund të identifikohen (kërkohet profili) e më pas të njehsohen dhe të lidhen me pronat e ofruara nga agjentë imobiliarë.

Në fillim, blerësit ose qiramarrësit e mundshëm hapin një profil të veçantë kërkimi në portalin e njehsimit të pronës. Ky profil kërkimi përmban afërsisht 20 karakteristika. Karakteristikat e mëposhtme mund të përfshihen (nuk është lista e plotë) dhe janë të domosdoshme për profilin e kërkimit.

- Qarku / Kodi Postar / Qyteti
- Lloji i objektit
- Përmasa e pronës
- Zona e banueshme
- Çmimi i blerjes / qirasë
- Viti i ndërtimit
- Katet
- Numri i dhomave
- I dhënë me qira (po/jo)
- Bodrum (po/jo)
- Ballkon/Tarracë (po/jo)
- Mënyra e ngrohjes
- Hapësira për parkim (po/jo)

Këtu është e rëndësishme që karakteristikat nuk shënohen me dorë por përzgjidhen duke klikuar ose duke hapur fushat përkatëse (p.sh. lloji i pronës) nga një listë me mundësitë/opsionet e para-përcaktuara (për llojin e pronës: apartament, shtëpi vilë njëfamiljare, depo, zyrë etj.)

Sipas dëshirës, palët e interesuara mund të fusin profile kërkimi shtesë. Ndryshimi i profilit të kërkimit është gjithashtu i mundshëm.

Për më tepër, blerësit ose qiramarrësit e mundshëm shkruajnë të dhënat e plota të kontaktit në fushat e përcaktuara. Këtu përfshihen mbiemri, emri, rruga, numri i shtëpisë, kodi postar, qyteti, telefoni, dhe adresa e-mail.
Në këtë kontekst, palët e interesuara japin pëlqimin për t'u kontaktuar dhe për të marrë prona të njehsuara nga agjentët imobiliarë.

Palët e interesuara në këtë mënyrë hyjnë në kontakt me operatorët e portalit të njehsimit të pronës.

Hapi i dytë, profilet e kërkimit janë bërë që të jenë të disponueshëm për agjentët imobiliarë të lidhur në të, jo akoma të dukshëm, me anë të ndërfaqjes së programimit të një aplikimi (api) - për shembull i ngjashëm me ndërfaqjen e programimit gjerman "openimmo". Është për t'u vënë re këtu që kjo ndërfaqje programimi - kryesisht çelës për zbatim - mund të mbajë ose të garantojë transferimin pothuajse në të gjithë softuerët e përzgjedhur në përdorim për pronat e paluajtshme. Nëse nuk ju intereson, mund të bëhet e mundur në mënyrë teknologjike. Sepse ekzistojnë tashmë ndërfaqje programimi në përdorim, si ai i përmendur më sipër "openimmo", ashtu si të tjerë, është e nevojshme të transferohet profili i kërkimit.

Tani agjentët imobiliarë ballafaqojnë profilin me pronat e tyre në tregun aktual. Për këtë qëllim, pronat janë ngarkuar në portalin e njehsimit të pronave të paluajtshme dhe krahasohen e ndërlidhen me karakteristikat përkatëse.

Pasi kryhet ballafaqimi, një raport do të shfaqet me njehsimin në përqindje. Duke filluar me një njehsim prej 50%, profili i kërkimit shfaqet në softuerin e agjencisë imobiliare.

Karakteristikat individuale peshohen me njëra-tjetrën (sistem vlerësimi me pikë) në mënyrë që më pas të shfaqen karakteristikat, përcaktohet kështu një përqindje për njehsimin (probabiliteti i njehsimit). Për shembull, karakteristika "lloji i pronës" peshohet më shumë se karakteristika "zona e banueshme". Për më tepër, disa karakteristika (p.sh. bodrumi) mund të përzgjidhet si një karakteristikë që prona duhet patjetër ta ketë.

Gjatë shfaqjes së karakteristikave për njehsimin, duhet të kontrollohet nëse agjentët imobiliarë kanë mundësi të hyjnë vetëm në zonat e tyre të dëshiruara (rezervuara). Kjo zvogëlon sforcimin gjatë ballafaqimit të të dhënave. Kjo është veçanërisht e rëndësishme duke marrë parasysh që agjencitë imobiliare punojnë në një bazë qarku. Duhet nënvizuar këtu që ndërmjet mundësive cloud, tani është e mundur të magazinohet dhe të analizohet një numër i madh i të dhënave.

Në mënyrë që të garantohet ndërmjetësimi profesional i pronave, vetëm agjentët imobiliarë kanë autorizimin për të hyrë në profilet e kërkimit.

Palët e interesuara në këtë mënyrë hyjnë në kontakt me operatorët e portalit të njehsimit të pronës.

Pas njehsimit/krahasimit përkatës, agjenti imobiliar mund të kontaktojë të interesuarin, dhe anasjelltas palët e interesuara mund të kontaktojnë agjencinë imobiliare. Nëse sekseri i ka dërguar një raport blerësit ose qiramarrësit të mundshëm, kjo do të thotë gjithashtu që një raport i aktivitetit ose një kërkesë e agjentit për komisionin mbi pronën dokumentohet në rastin e një shitje ose e një dhënie me qira plotësisht të kryer.

Kjo me kushtin që sekseri të jetë caktuar nga pronari i pronës (shitës ose qiradhënës) për vendosjen e pronës ose ky pëlqim i është dhënë për të ofruar pronën.

6. Qëllimi i Aplikimit

Njehsimi i pronave të paluajtshme i përshkruar këtu aplikohet për shitje dhe për qiradhënie në sektorin privat dhe tregtar. Për prona me qëllime tregtare kërkohen karakteristikat shtesë përkatëse të pronës.

Mund të jetë gjithashtu një sekser nga ana e blerësit ose qiramarrësit të mundshëm, ashtu si ndodh shpesh në praktikë për shembull nëse është caktuar nga klientët.

Në rastin e krahinave gjeografike, portali i njehsimit të pronave përdoret pothuajse në të gjithë vendet.

7. Anët pozitive

Procesi i njehsimit të pronave u ofron një avantazh të madh blerësve dhe shitësve potencialë, në rastin kur kërkojnë në zonën e tyre (vendi i banimit) ose kur shpërngulen në një qytet tjetër ose në një provincë tjetër për arsye pune.

Atyre u duhet vetëm të shkruajnë një herë profilin e tyre të kërkimit për të marrë informacione mbi pronat e njehsuara nga sekserët që punojnë në krahinën e dëshiruar.

Për sa i përket sekserëve, kjo mënyrë ofron avantazhe të mëdha në efikasitetin dhe në kursimin e kohës për blerje dhe qiradhënie.

Ata përfitojnë menjëherë një pamje përgjithshme mbi sasinë e mundësive potenciale të palëve të interesuara për çdo pronë përkatëse të ofruar nga ta.

Për më tepër, sekserët mund të afrohen drejtpërdrejtë me grupin përkatës të synuar, i cili ka shprehur disa opinione specifike për pronën e "ëndrrave" në procesin e hyrjes në profilin përkatës të kërkimit. Kontakti mund të vendoset, për shembull, duke dërguar raporte mbi pronën e paluajtshme.

Kjo bën të mundur rritjen e cilësisë së kontaktit me palët e interesuara të cilat dinë se çfarë të kërkojnë. Kjo bën të mundur edhe uljen e numrit të takimeve të njëpasnjëshme për të parë pronën, duke ndjekur një radhë zvogëlohet periudha e përgjithshme e marketingut për pronën në ndërmjetësim.

Pasi blerësi ose qiramarrësi i mundshëm të ketë parë pronën në fjalë, mund të bëhet kontrata e blerje ose e qirasë, si në marketingun tradicional të pronave të paluajtshme.

8. Përllogaritje e thjeshtë (Potenciale) - vetëm pronari-prona dhe shtëpi të banuara (jo apartamente me qira ose shtëpi ose prona tregtare)

Shembulli i mëposhtëm do të tregojë qartë potencialin e portalit të njehsimit të pronës.

Në një zonë gjeografike me 250,000 banorë, si qyteti i Mönchengladbach (Gjermani), ka - i rrumbullakosur statistikisht - përafërsisht 125,000 familje (2 banorë për familje). Shkalla mesatare e shpërnguljes është afërsisht 10%. Kjo do të thotë që 12,500 familje shpërngulen në vit. Raporti i marrjes së shtëpisë e i lënies së saj në Mönchengladbach nuk merret parasysh këtu. Afërsisht 10,000 familje (80%) kërkojnë prona me qira dhe rreth 2,500 familje (20%) kërkojnë prona në shitje.

Sipas raportit të tregut të pronave nga komiteti këshillues për qytetin e Mönchengladbach, ka pasur 2,613 blerje pronash në vitin 2012. Kjo konfirmon numrin e përmendur më sipër prej 2,500 blerës të mundshëm. Mund të ketë në fakt më shumë, por jo të gjithë blerësit e mundshëm ishin të aftë të gjenin pronën e tyre ideale. Numri real i blerësve të mundshëm të interesuar - ose, specifikisht, numri i profileve të kërkimit - vlerësohet të jetë dyfish i lartë aq sa është shkalla e shpërnguljes prej 10% ose 25,000 profile kërkimi. Kjo përfshin mundësinë që blerësit ose qiramarrësit e mundshëm të kenë hapur disa profile kërkimi në portalin e njehsimit të pronës.

Ia vlen të theksohet që duke u bazuar në praktikë, rreth gjysma e të gjithë blerësve ose qiramarrësve potencialë deri tani kanë gjetur pronën duke bashkëpunuar me një sekser; duke arritur në 6,250 familje.

Eksperienca e kaluar tregon gjithashtu që të paktën 70% e familjeve kanë kërkuar për një pronë të paluajtshme në portalin e pronave në

Internet, që është një total prej 8,750 familjesh (që korrespondon me 17,500 profile kërkimi).

Nëse 30% e të gjithë blerësve dhe shitësve potencialë, do të thotë 3,750 familje (ose 7,500 profile kërkimi) do të bënin një profil kërkimi në portalin e njehsimit të pronave të paluajtshme (app) në një qytet si Mönchengladbach, sekserët e lidhur aty mund t'u ofronin prona të përshtatshme blerëve me anë të 1500 profileve specifike të kërkimit (20%) dhe qiramarrësve potencialë me anë të 6,000 profileve specifike të kërkimit (80%).

Kjo do të thotë me një kohëzgjatje kërkimi mesatare prej 10 muajsh dhe një çmim kampion prej 50 Euro në muaj për secilin profil kërkimi të hapur nga blerësit ose nga qiramarrësit potencialë ka një potencial shitjesh prej 3,750,000 Euro në vit me 7,500 profile kërkimi për një qytet me 250,000 banorë.

Duke e vlerësuar në të gjithë Gjermaninë me një popullatë rreth 80,000,000 (80 milionë) banorë, rezulton një potencial shitjesh prej 1,200,000,000 Euro (Euro 1.2 bilionë) në vit. Nëse 40% e të gjithë blerësve ose qiramarrësve kërkojnë për pronë nëpërmjet portalit të njehsimit në vend të 30%, potenciali i shitjeve do të rritej në EURO 1,600,000,000 (EURO 1.6 bilionë) në vit.

Potenciali i shitjeve i referohet vetëm apartamenteve dhe shtëpive të banuara nga pronarët. Pronat në investim dhe ato me qira në sektorin e pronave të banueshme dhe totali i sektorit të pronave tregtare nuk përfshihen në këtë përllogaritje të potencialit.

Me rreth 50,000 kompani në Gjermani në biznesin e ndërmjetësimit për pronat e paluajtshme (përfshirë agjenci imobiliare, kompani ndërtimi, tregtarë imobiliarë, e kompani të tjera imobiliare), afërsisht 200,000 nëpunës dhe një pjesë e 20% e këtyre 50,000 kompani që përdorin këtë portal njehsimi me një mesatare prej 2 licencash, rezultati (duke aplikuar një çmim kampion prej EURO 300 në muaj për çdo licencë) ka një potencial shitjesh prej EURO 72,000,000 (EURO 72 milionë) në vit. Për më tepër, nëse aplikohet një rezervim qarku i profileve lokale të kërkimit, një potencial i madh shitjesh shtesë mund të gjenerohet, në varësi të dizajnit.

Me këtë potencial të pamasë të blerësve dhe qiramarrësve potencialë me profile kërkimi specifike, sekserët nuk kanë nevojë të përditësojnë bankën e tyre të të dhënave - nëse e kanë një - të palëve të interesuara. Përveç kësaj, numri i profileve aktuale të kërkimit ka të ngjarë të tejkalojë numrin e profileve të kërkimit të krijuara nga shumë sekserë në bankën e tyre të të dhënave.

Nëse ky portal novator për njehsimin e pronave do të përdorej në shumë vende, blerës potencialë nga Gjermania, për shembull, mund të krijojnë profile kërkimi për apartamente pushimesh në ishullin spanjoll të Majorkës dhe sekserët e lidhur në Majorka do të mund të parashtronin apartamentet e njehsuara për klientët potencialë gjermanë me e-mail. Nëse raportet janë në spanjisht, qiramarrësit potencialë mund të përdorin në ditët e sotme një program përkthimi në internet për të përkthyer menjëherë tekstin në gjermanisht.

Për të qenë të aftë të kryejnë njehsimin dhe lidhjen e profileve të kërkimit me pronat e disponueshme pa pengesa gjuhësore, mund të bëhet një krahasim i karakteristikave përkatëse brenda portalit të njehsimit të pronës i bazuar në karakteristikat e programuara (matematikisht), pavarësisht nga gjuha, e gjuha përkatëse caktohet në fund.

Nëse përdoret portali i njehsimit të pronës në të gjithë kontinentet, potenciali i shitjeve i paraqitur më sipër (vetëm për të interesuarit në kërkim) vlerësohet të jetë përafërsisht si më poshtë.

Popullsia globale:

7,500,000,000 (7.5 bilionë) Banorë

1. Popullsia në vendet e industrializuara dhe vendet më gjerësisht të industrializuara:

   2,000,000,000 (2.0 bilionë) Banorë

2. Popullsia në vende emergjente:

   4,000,000,000 (4.0 bilionë) Banorë

3. Popullsia në vende në zhvillim:

   1,500,000,000 (1.5 bilionë) Banorë

Potenciali i shitjeve vjetore për Gjermaninë është konvertuar dhe parashikuar si EURO 1.2 bilionë me 80 milionë banorë me faktorët e hamendësuar të mëposhtëm për vende në zhvillim, emergjente dhe të industrializuara.

1. Vende të industrializuara: 1.0

2. Vende emergjente: 0.4

3. Vende në zhvillim: 0.1

Si rezultat kemi potencialin e shitjeve vjetore (EURO 1.2 bilionë për popullsi (vende të industrializuara, emergjente, ose në zhvillim) / 80 milionë banorë për faktor.

1. Vende

   të industrializuara: EURO   30.00 bilionë

2. Vende

   emergjente: EURO   24.00 bilionë

3. Vende

   në zhvillim: EURO   2.25 bilionë

   Totali: **EURO**   **56.25 bilionë**

9. Konkluzioni

Portali i njehsimit të pronave të paluajtshme i ilustruar ofron avantazhe të rëndësishme për ata që kërkojnë një pronë (palë të interesuara) dhe për sekserët.

1. Koha e nevojshme për të kërkuar prona të përshtatshme reduktohet në mënyrë eksponenciale për palët e interesuara sepse ata duhet të krijojnë vetëm një herë profilin e tyre të kërkimit.

2. Agjenti imobiliar ose sekseri përfiton një pamje të përgjithshme të numrit të blerësve dhe qiramarrësve potencialë, përfshirë edhe informacionet mbi nevojat e tyre specifike (profili i kërkimit)

3. Palëve të interesuara u dërgohen vetëm pronat e njehsuara ose të dëshiruara (të bazuara në profilin e kërkimit) nga të gjithë sekserët (e ngjashme me para-seleksionim automatik).

4. Sekserët reduktojnë mundin e tyre në mbajtjen e bankës së të dhënave për profilet e kërkimit sepse shumica prej profileve aktuale janë gjithmonë të disponueshme.

5. Sapo furnizuesi tregtar/sekseri lidhet me portalin e njehsimit të pronës, blerësi ose qiramarrësi potencial mund të bashkëpunojë me sekserët me eksperiencë.

6. Sekserët reduktojnë numrin e takimeve për të parë pronën dhe periudhën e përgjithshme të marketingut. Në këmbim, numri i takimeve për të parë pronën nga blerës ose qiramarrës potencialë reduktohet ashtu si koha e nevojshme për një kontratë blerjeje ose me qira.

7. Pronarët e pronave në shitje ose për t'u dhënë me qira edhe këta kursejnë kohën e tyre. Ka gjithashtu të mira financiare, me sa më pak kohë për pronat me qira dhe pagesat e blerjeve në kohë të shkurtër për

pronat në shitje si një rezultat i një shitjeje ose i një qiramarrjeje më të shpejtë.

Duke aplikuar këtë koncept në njehsimin e pronave të paluajtshme, mund të kryhen progrese të rëndësishme në ndërmjetësimin për pronat e paluajtshme.

10. Të integrohet Portali i Njehsimit të Pronave të Paluajtshme në Softuerin e Agjencisë Imobiliare, Duke Përfshirë Vlerësimin e Pronave të Paluajtshme

Si koment përfundimtar, portali i njehsimit të pronave i përshkruar këtu mund të jetë një përbërës i rëndësishëm për një zgjidhje softueri të ri nga agjencia imobiliare që nga fillimi, i disponueshëm teorikisht në sferë globale. Kjo do të thotë që sekserët mund të përdorin portalin e njehsimit përveç softuerit ekzistues të agjencisë imobiliare, ose teorikisht të përdorin softuerin e ri duke përfshirë portalin c njehsimit të pronave.

Duke integruar këtë portal njehsimi efikas në një softuer të ri për agjencinë imobiliare, do të krijohet një pikë e vetme themelore shitjeje për softuerin e agjencive imobiliare, që do të jetë esenciale për depërtimin e tregut.

Derisa është dhe do të mbetet vlerësimi i pronave të paluajtshme një përbërës esencial për agjencitë, softueri i agjencisë imobiliare duhet të karakterizohet nga një instrument i integruar vlerësimi për pronat e paluajtshme. Vlerësimi i pronave të paluajtshme me metodat e përllogaritjes përkatëse mund të përfshijë parametrat e rëndësishme të të dhënave nga pronat e ruajtura/të regjistruara nga agjencitë imobiliare. Gjithashtu, sekseri mund të korrigjojë parametrat e paplota falë ekspertizës së tij në tregun qarkor.

Për më tepër, softueri i agjencisë imobiliare mund të ketë mundësinë e integrimit të vizitave virtuale të pronave të disponueshme. Kjo mund të aplikohet shumë thjeshtë duke zhvilluar një app shtesë për telefona celularë dhe/ose tablete të cilët mund të regjistrojnë e më pas integrohet ose inkorporohet vizita virtuale e pronës - kryesisht në mënyrë automatike - në softuerin e agjencisë imobiliare.

Nëse portali novator i njehsimit efikas inkorporohet në një softuer të agjencisë imobiliare bashkë me vlerësimin e pronës së paluajtshme, rritet përsëri në mënyrë eksponenciale potenciali i shitjeve të mundshme.

Matthias Fiedler

Korschenbroich, 31/10/2016

Matthias Fiedler

Erika-von-Brockdorff-Str. 19

41352 Korschenbroich

Gjermani

www.matthiasfiedler.net

www.ingramcontent.com/pod-product-compliance
Lightning Source LLC
Chambersburg PA
CBHW071529210326
41597CB00018B/2938